AF357247

AU ROY,

ET A NOSSEIGNEVRS
de son Conseil.

IRE,

François Remond Escuyer Sr de Breviande l'un des Interessez aux Baux des Fermes-Unies sous les noms de Claude Boutet & Jean Fauconnet, REMONTRE tres-humblement à VOSTRE MAJESTE' comme il a déja fait par ses precedentes [1] Requestes, que le Suppliant s'estoit rendu caution envers Fauconnet jusques à la somme de cinquante mil livres pour Jean Gruslé l'un des Caissiers de la Ferme, & qu'au moment que ce Commis se fust retiré accusé de divertissement d'une somme tres-considerable des deniers de sa Caisse, Les ennemis du Suppliant prirent de là occasion de luy faire, sous le nom de Fauconnet, une affaire d'éclat & d'honneur.

Ils mirent en fait dans les Requestes [2] qu'ils presenterent à Vostre Majesté les 21. Aoust, 8. Octobre, & 1. Decembre 1685. que le Suppliant estoit *l'un des auteurs & complices de la banqueroute de Iean Gruslé ; Que par artifice & mauvaises voyes il avoit de concert avec ledit Gruslé tiré de la Caisse des Fermes tous les deniers dont il avoit eu besoin, mesme pour faire ses avances & en profiter seul ; Qu'il se ser-*

MOYENS DE FAUCONNET.

---

1. Elles sont des premier Octobre, 20. Novembre & 15. Decembre 1685. sous la cotte **M.**
2. Elles sont sous la cotte **D** & les pages d'où chacun de ces moyens a esté extrait y sont marquées exactement.

A

voit des deniers de la Caiſſe, qui eſtoient ceux de VOSTRE MAJE
comme de ſon propre bien ; Qu'il eſtoit accuſé & convaincu de cet
Que les promeſſes qu'il avoit fournies le vingt-huitiéme Septembre
l'un à Simon Gruſlé de la ſomme de vingt-cinq mil livres, l'autre à
Gruſlé de pareille ſomme conceües & libellées pour ſervir de nar
ment au cautionnement que le Suppliant avoit fourny audit Fau
n'eſtoient que des artifices & des ruſes d'un homme qui avoit
toutes ces precautions, ſe ſervant de noms interpoſez pour cacher
vertiſſement des deniers de VOSTRE MAJESTE' *& en déro*
connoiſſance au public ; Qu'outre les preſomptions legales qu'on av
ces choſes-là, les reconnoiſſances dudit jour 28. Septembre 1681. tr
ſous le ſçellé mis au Bureau dudit Gruſlé, la declaration de
Gruſlé du quatorziéme Aouſt 1685. qu'il ne pretendoit rien à la
de vingt-cinq mil livres qu'il eſtoit dit avoir eſté par luy don
nantiſſement au Suppliant & qu'elle appartenoit à Iean Gru
frere, & les interrogatoires preſtez par leſdits Iean & Simon
devant le Lieutenant Civil au procés commencé contre-eux à l'ex
dinaire pour le fait deſdits divertiſſemens, fourniſſoient d'ailleu
preuves conſtantes de chacun deſdits faits, dans leſquels on vo
vol, le divertiſſement, la perfidie, la fraude, la mauvaiſe foy
autres crimes dont le Suppliant eſtoit, comme on le ſupp
infiniment coupable.

<table>
<tr><td>Fins des de-
mandes de Fau-
connet au Con-
ſeil.</td><td>

Ce fut ſur ces moyens-là que Fauconnet & ſes cautions d
derent par leur Requeſte inſerée en l'Arreſt du 21. Aouſt
Suppliant à l'exemple de Rouviere fuſt exclus de la Societé de
reſſez au Bail de Fauconnet, & que cependant les fonds par l
en Caiſſe y reſteroient juſques à la fin du Bail pour participer à
te & au gain ſuivant le compte general qui en ſeroit fait par
terſſez ; Que le Suppliant fuſt condamné de rapporter dans trois
la Caiſſe la ſomme de cinquante mil livres qu'il en avoit tirée le
huitiéme Septembre 1681. aprés ſon cautionnement avec intereſts
nier quatorze, au payement de laquelle ſomme de cinquante mil
& encore de celle de ſoixante & quinze mil livres, pour les ca
mens fournis pour Gruſlé envers Boutet & Fauconnet, le Suppli
roit contraint ; Que le Suppliant & le ſieur Deſgraſſieres demeur
ſolidairement garands & reſponſables de la banqueroute dudit
pour ſeureté de laquelle leurs fonds demeureroient entre les ma</td></tr>
</table>

<table>
<tr><td>Sans prejudice
de l'extraordi-
naire.</td><td>

Palerne : le tout ſans prejudice de la procedure extraordinaire com
contre Iean Gruſlé, ſa femme, & complices, qui ſeroit continuée
rils & fortunes dudit Remond.</td></tr>
</table>

<table>
<tr><td>Procedure à
l'extraordinaire
au Chaſtelet.</td><td>

Cette derniere partie des Concluſions marque aſſez nett
que l'on avoit deſlors formé le deſſein d'envelopper le Sup
dans le procés commencé à l'extraordinaire au Chaſtelet à
queſte de Fauconnet en conſequence de la plainte renduë</td></tr>
</table>

…n Gruflé , *& fes complices du divertiffement des deniers de la Fer-*
…. L'évenement l'a juftifié. Le vingt-trois [3] Aouft 1685. Faucon-
…t requit un decret d'ajournement perfonnel contre le Sup-
…iant. Il le fit fignifier le fix Septembre enfuivant. C'eftoit pré-
…ément dans un temps auquel le Suppliant eftoit occupé par
… ordres de la compagnie dans les départemens du haut & bas   Conduite &
…nguedoc. Il a juftifié dans fa production civile au Chaftelet   deffein des en-
…'outre les occupations ordinaires qui depuis dix-huit mois l'at-   nemis du fieur
…choient dans des Provinces fi éloignées , ceux qui eftoient a la   Remond.
…te des affaires du Bureau de Paris , luy envoyoient par deffus
… tout , & dans ce mefme temps des ordres [4] nouveaux pour le
…tenir où il eftoit , pendant que d'autre cofté fes Ennemis don-
…oient tous leurs foins pour que le decret d'ajournement perfon-
…el fuft converty en decret de prife de corps , & il le fut en ef-
…t. Les fuites ont fait croire au Suppliant que l'on avoit medité
… le faire arrefter en Languedoc pour fe donner l'indigne plai-
…r de le faire conduire des extremitez du Royaume à travers tant
… Provinces & de Villes où il faloit paffer neceffairement , dans
… prifons du Chaftelet.

…Les avis reïterez de fa famille par des exprés luy donnerent   Suite de la pro-
…oyen d'éviter par une diligence precipitée cette injure. Il arriva   cedure crimi-
…Paris le 19. Septembre. Le 20. il fubit l'interrogatoire. Le 18.   nelle.
…ecembre il demanda que faute par Fauconnet de luy produire   Au Chaftelet.
…s témoins , il fût renvoyé abfous avec dommages & interefts.
…uconnet avoit deflors obtenu Sentence * qui portoit que les té-   *Elle eft du 26.
…oins oüis és informations luy feroient confrontez : En execu-   Novembre 1685.
…on le Suppliant fut affigné à la requefte de Fauconnet , les 21.   vifée dans la
…23. Decembre , & les 22. & 24. le Lieutenant Civil proceda   Sentence defini-
…la confrontation. Le 11. Mars l'on commença le rapport du   tive du Chafte-
…rocés. Le premier Avril 1686. le Suppliant fut affigné à la re-   let.
…uefte de Fauconnet pour eftre oüi à la Chambre lors du ju-
…ement definitif. Le troifiéme du mefme mois le procés fut
…gé. Par la Sentence *le fieur Remond fut déchargé de l'accufation*
…vec dépens, dommages & interefts indefiniment. En caufe d'appel
…auconnet donna fa requefte [5] en la Cour des Aydes le 17. May   Et en la Cour
…686. *à l'effet d'eftre receu appellant au feul chef de la condamnation de* des Aydes.
…ommages & interefts, dans lequel il trouvoit qu'on luy avoit fait
…rief , en ce qu'elle *eftoit indefinie*, donnant ainfi contre foy-mef-
…ne un titre au Suppliant qui prenoit avantage de ce que les
…autions de Fauconnet ne fe plaignoient pas de fon *abfolution.*
…En repliques les Fermiers declarerent formellement dans leurs

---

3. Toute cette procedure eft fous la cotte A.
4. V. la lettre du fieur de Fremont cotte I.

Arreſt d'abſo-
lution avec re-
paration.

requeſtes des ſixiéme [5] & vingtiéme Juillet *qu'ils eſtoient a[*
tant au chef de la condamnation des dommages & intereſts que
ſolution du Suppliant. Par Arreſt, [6] en prononçant ſur cet
la Cour a mis l'appellation au neant, ordonné que ladite Senten
-roit effet, Fauconnet condamné en l'amende & aux dépens, E
-moins liquidé les dommages & intereſts à la ſomme de trois mil

Il eſtoit neceſſaire d'expliquer cette procedure par le
parce qu'il importe du tout qu'on ſçache & le titre de l'a
tion formée contre le Suppliant, & que rien n'a manqué
ſtruction & aux formalitez de la procedure la plus ſcrup
Mais au ſurplus à preſent que le Suppliant a pour ſoy des
gnages publics de ſon innocence il ne parlera ny des a
que ſes ennemis ont mis en uſage pour le perdre, ny des m
dont il s'eſt ſervy pour aſſeurer ſon innocence. Car outre
ſont choſes que peu de perſonnes ignorent parce que le Sup
a pris ſoin de rendre ſes défenſes publiques ; On ſçait d'a
ſans s'étonner du credit, de la mauvaiſe volonté, & des
ques de ſes parties ſecrettes dont il redoutoit peu les cha
Il n'a durant le cours de la procedure commencée à l'extr
naire en cauſe principale, comme en cauſe d'appel, eû po
aucun de ces ménagemens & de ces égards dont on ne p
diſpenſer, (quoy qu'innocent d'un fait dont on eſt accuſé)
on craint d'eſtre entamé par quelqu'autre endroit ; Pourſ
la reparation deuë à ſon honneur, avec cette tranquilité de
ne peut joüir quand on a la conſcience troublée, pendan
voyoit d'autre coſté l'agitation, les inquietudes, & les m
mens incertains & mal concertez de ſes accuſateurs, plus
blables à des accuſez qui ſe troublent au ſeul nom de la J
qu'à des parties civiles qui reclament l'autorité & la prot
des Magiſtrats.

Nouvelle pro-
cedure au Con-
ſeil.

Content du ſuccés de l'inſtance jugée en la Cour des
le Suppliant ne ſeroit point obligé de preſenter une nouvé
queſte en voſtre Conſeil, n'eſtoit que ſous le nom des ca
de Maître Jean Fauconnet & des Intereſſez au bail de C
Boutet, il en a eſté preſenté une nouvelle [7] à voſtre Majeſ
gnifiée au Suppliant le 23. Septembre dernier, dans laqu
reprenant tout ce que l'on a pû imaginer ſur la matiere du
cés jugé à l'extraordinaire au Chaſtelet & en la Cour des

Pretentions de
Fauconet.

on conclud tout de nouveau *comme en la requeſte inſerée en*
reſt du Conſeil du vingt-uniéme Aouſt 1 6 8 5. perſiſtant (co
l'Arreſt definitif de la Cour des Aydes du troiſiéme Septe

---

5. Les requeſtes des 17. May 6. & 20. Juillet ſont ſous les cottes F. G.
6. Sous la cotte G.
7. Elle eſt ſous la cotte F.

de

dernier, n'avoit rien jugé) à dire tranquillement *qu'il y a lieu par diverses raisons de condamner le Suppliant non seulement de payer la somme de soixante quinze mil livres en l'acquit de Iean Gruslé, sçavoir vingt-cinq mil livres comme caution envers Boutet, & cinquante mil livres comme caution dudit Gruslé envers Fauconnet;* [8] *mais encore une somme de cinquante mil livres laquelle il est, dit-on, justifié avoir esté tirée de la Caisse des Fermes, & en consequence que le Suppliant soit exclus de la societé des Interessez au Bail general des Fermes unies.*

Le Suppliant ne repetera point icy les moyens sur lesquels on pretend établir les divers Chefs de cette Requeste. Fauconnet les avoit expliquez dans celle qu'il avoit presentée au Conseil les 21. Aoust, 8. Octobre & 1. Decembre 1685. Il en resume une partie dans celle du vingt-troisiéme Septembre 1686. On les trouvera cy-dessus fidellement extraits à la page 2.e de cette presente Requeste; Et le Suppliant se contentera de dire pour marquer l'ordre du discours seulement qu'il y a en tout cecy deux Chefs. **Divisées en deux chefs.** L'un se doit juger sommairement par les termes des actes du cautionnement que le Suppliant a fournis, & par les creances du Fermier. L'autre sembleroit demander une plus ample discution parce qu'il y entre un nombre de faits [9] presque infiny *qui argüent* [9] (à ce que Fauconnet pretend) *le divertissement des deniers de la Caisse,* & consequemment *la restitution des cinquante mil livres* qu'on dit y avoir esté pris *par le Suppliant,* & tout de suite *l'exclusion du Suppliant de la societé des Interessez au Bail des Fermes generales unies.*

Cependant le sieur Remond ose dire d'abord sans craindre de paroistre presomptueux que ce qu'on veut mettre en question n'est pas la matiere d'un procés, & qu'apres qu'on aura leu & entendu la derniere requeste du Fermier du 23. Septembre 1686. on jugera bien qu'elle a esté donnée au public par des gens à qui le salaire du Commis qui l'a écrite & le papier timbré ne coûtent rien.

A l'égard du chef concernant *le divertissement & le rapport des cinquante mil livres pretendus tirez de la Caisse de Gruslé,* Le Suppliant croit qu'il n'y a qu'à bien entendre le sujet du procés jugé à l'extraordinaire au Chastelet & en la Cour des Aydes. **Le premier chef concernant le divertissement dont on accuse le sieur Remond.**

Le titre de l'accusation & de la plainte renduë contre Gruslé, ses complices & adherans [10] estoit *l'abus, la malversation, & le divertissement des deniers des Fermes Royales* en consequence de quoy *la restitution* pouvoit estre adjugée. On ne peut pas dire que ledit Gruslé fust seul accusé de ce divertissement puis que le Fermier a pretendu que ce Commis *de concert avec plusieurs autres avoit par* **Faisoit la matiere de l'extraordinaire instruit & jugé à la requeste de Fauconnet.**

---

8. C'est en la page 2. de ladite requeste du 23. Septembre.
9. Sup. pag. 1. & 2. de cette Requeste cy.
10. V. la plainte de Fauconnet dans la Sentence du 3. Avril, Les qualitez & le dictum de ladite Sentence, le dispositif de l'Arrest du 3. Septembre sup. Et toute l'Instruction du procés criminel.

B

de *mauvaiſes voyes, dol, fraude, &c.* detourné les deniers dont
voit que la garde. *Les qualitez de la Sentence renduë au Chaſ
la pourſuite du Fermier general juſtifient* aſſez bien que ſous ce
de *complices,* le Suppliant, & le ſieur Deſgraſſieres, Simon G
Clerx, Noiſet & la femme de Jean Gruſlé, &c. ſe trouv
également compris. *Les decrets de priſe de corps ou d'ajo
ment perſonnel* requis & executez *à la requeſte de Fauconnet* c
chacun des ſuſnommez & le reſte de la procedure criminelle
mencée, ſuivie & jugée conjointement ſur un meſme titre d
ſation toûjours *à la requeſte dudit Fauconnet,* & par un meſ
gement *Entre Jean Fauconnet Fermier general demandeur & co
gnant d'une part : Et Jean Gruſlé, Simon Gruſlé, Lambert
François Remond, Jean Cherouvrier ſieur Deſgraſſieres &c. to
fendeurs & accuſez d'autre part,* prouvent tout de meſme
matiere du jugement à l'extraordinaire eſtoit *le dol, la frau
malverſation, le vol domeſtique, la banqueroute frauduleuſe,
divertiſſement des deniers de la Caiſſe des Fermes dont Gruſlé ſe
plices & adherans eſtoient accuſez.*

Les termes dans leſquels la Sentence du 3. Avril & l'Arr
la Cour des Aydes du 3. Septembre 1686. ſont conceus, c
» ment cette propoſition. *Nous diſons* (porte la Sentence du
» telet) *que ledit Jean-Charles Gruſlé eſt declaré atteint & co
» cu de banqueroute frauduleuſe, vol domeſtique & divertiſſeme
» deniers &c.* pour reparation dequoy &c. iceluy préalable
» appliqué à la queſtion pour ſçavoir par ſa bouche les non
» complices de ſa banqueroute & divertiſſement de deniers : Et
» gard deſdits Simon Gruſlé, Marie de la Cour & Jean Chero
» ſurcis au jugement du procés juſques aprés l'execution dudi
» Gruſlé...... Sont leſdits Lequin, Noiſet, Clerx, & Barte
» chargez de l'accuſation ; *Et en ce qui regarde l'accuſation form
» ledit Fauconnet contre ledit ſieur Remond, en eſt ledit Remon
» chargé & Fauconnet condamné aux dommages & intereſts :* Et f
» droit ſur le requiſitoire du Procureur du Roy, Défenſe
» faites à Palerne &c. de faire aucunes negociations pour
» comptes des lettres ou billets procedans &c.

Le diſpoſitif de l'Arreſt de la Cour des Aydes eſt conc
ces termes, *La Cour en tant que touche l'appel interjetté par
Charles Gruſlé a mis & met l'appellation & Sentence au neant,
dant pour les cas reſultans du procés l'a condamné faire amende
rable &c. dire & declarer que temerairement & comme mal a
a commis les abus, malverſations & divertiſſemens de deniers d
Fermes &c. declare ſes biens acquis & confiſquez ſur iceux préa
ment pris la ſomme de cinq cens quarante-ſept mil deux cens ſept
à quoy s'eſt trouvé monter* LE DIVERTISSEMENT *par lu*

&c. Condamne Simon Gruflé en fon propre & privé nom de payer la fomme de deux cens quinze mil livres en déduction de celle de cinq cens quarante-fept mil deux cens fept livres : Faifant droit fur l'appel de Marie de la Cour a mis & met fur l'extraordinaire les parties hors de Cour, dépens compenfez : Et à l'egard dudit Jean Cherouvrier émendant a condamné ledit Cherouvrier pour les cas refultans & le refte.

C'eft donc une chofe qui ne peut eftre revoquée en doute, fçavoir eft que par le propre fait de Fauconnet autant que par l'attribution de jurifdiction portée par l'Arreft [11] du 6. Avril & Lettres patentes du 12. Aouft 1686. le Chaftelet en premiere inftance, la Cour des Aydes en caufe d'appel fe trouvoient faifis & eftablis Juges de tout ce qui concernoit *le divertiffement* des deniers de la Caiffe des Fermes dont Gruflé eftoit dépofitaire, CIRCONSTANCES ET DE'PENDANCES, non feulement par rapport au fait particulier dudit Jean Gruflé ; mais encore par rapport à tous ceux qui fous le terme de *complices & de complicité defdits divertiffemens, abus, malverfations, vol domeftique, banqueroute frauduleufe ou autre efpece de délit* commis dans l'ufage des deniers de la Caiffe fe trouvoient impliquez au procés criminel. Les plaintes & le refte de la procedure faite & continuée fans intermiffion à la requefte de la partie civile & les Lettres patentes du 12. Aouft 1686. ne laiffent aucun lieu de douter du pouvoir des Juges & de la matiere de leurs jugemens.

Il y avoit attribution à la Cour des Aydes pour connoiftre defdits faits, circonftances, & dépendances, nommément à l'égard du fieur Remond.

Il faut cependant avoüer de bonne foy qu'avant que le Suppliant eût efté decreté au Chaftelet en confequence de la plainte renduë par Palerne & par Fauconnet devant le Commiffaire Huot contre Gruflé & *fes complices*, les Intereffez aux Baux de Boumet & de Fauconnet dans leur Requefte inferée en l'Arreft du Confeil du 21. Aouft *avoient conclu à la reftitution des cinquante mil livres pretendus mal pris dans leur Caiffe :* & que fi on en fuft demeuré dans ces termes-là, la conteftation pour ce regard feroit encore entiere. Mais Fauconnet ayant depuis repris la voye de l'extraordinaire qu'il s'eftoit refervée par fa Requefte du 21. Aouft, & en confequence requis le 23. du mefme mois que le Suppliant & le fieur Defgraffieres fuffent decretez ; ayant pourfuivy l'execution des decrets contre lefdits fieurs Defgraffieres & Remond, & le refte de l'inftruction criminelle cy devant expliquée ; aprés un refus que fit ledit Fauconnet avant la confrontation de confentir que le Suppliant fût renvoyé de la demande à l'extraordinaire faute de luy produire témoins ; voyant au contraire que fes accufateurs le preffoient pour l'obliger de fubir la confrontation en execution d'une Sentence qu'ils avoient obtenuë à cet effet le 26. Novembre 1685. aprés en avoir rendu compte à Monfieur le

Et depuis Fauconnet par fa procedure a forcé le fieur Remond de faire juger l'extraordinaire.

11. Lefdits Arreft & Lettres font fous la cotte **H.**

Controlleur General, ne pouvant plus se dispenser de procé[der]
au Chastelet sur l'extraordinaire sans donner prise à ses enne[mis]
qui se seroient prevalus de son refus ; il [12] declara, veu l'estat [de]
la procedure & des poursuites contre luy faites devant le Lieu[te]
nant Civil dans l'instruction du procés criminel de Gruslé [&]
Complices & qu'il paroissoit que ses parties vouloient prendre [le]
Chastelet pour Juges des faits *de complicité, dol, fraude, diver[tis]*
sement, abus, supposition & interposition de nom, &c. sur lesquels [la]
demande introduite au Conseil afin de rapport & restitution d[es]
dits cinquante mil livres estoit fondée ; *Il declara qu'il alloit [par]*
le bon plaisir & de l'agrément de Monsieur le Controlleur General [des]
Finances, poursuivre son absolution prealable, de tous lesdits faits : [En]
suite dequoy le procés se trouvant entierement instruit contre [le]
Suppliant par recolement & confrontation, luy oüy derriere [le]
Barreau *à la requeste de Fauconnet ;* Il fut jugé sur l'extraordin[aire]
au Chastelet en premiere instance, & par appel en la Cour [des]
Aydes, en consequence de l'Arrest du Conseil & desdites L[et]
tres patentes d'attribution des 6. Avril & 12. Aoust 1686. dans [les]
quels le Suppliant est *nommément compris* comme partie nec[es]
faire.

L'absolution prononcée en faveur du Suppliant avec une re[pa]
ration de dommages & interests emporte avec soy le jugement [&]
la décharge de tout ce qui pourroit faire la matiere de l'extra[or]
dinaire, tant à l'égard des condamnations penales de quelque [na]
ture qu'elles puissent estre, que de toutes sortes de rapports, re[sti]
tutions & pretentions civiles qui auroient pû estre pretenduës [en]
consequence sous pretexte du delit ou abus commis en quelq[ue]
maniere que ce soit au fait des deniers de la Caisse, & de conc[ert]
avec Gruslé. Comme il est non seulement prejugé, mais defin[iti]
vement jugé que le Suppliant n'est *ny complice, ny autheur, ny p[ar]*
ticipant à la banqueroute de Jean Gruslé ; Qu'il n'a ny volé, ny diverty [les]
deniers des Fermes ; Que de concert avec ledit Gruslé, par dol, frau[de,]
supposition & interposition de nom & autres mauvaises voyes, il [n'a]
abusé des deniers à la garde desquels Gruslé avoit esté preposé pa[r les]
Fermiers generaux : Il est aussi *definitivement jugé* que le Suppli[ant]
est quitte de la demande afin de *restitution ou rapport, tant de la [par]*
tie de cinquante mil livres pretenduë par luy prise dans la Caisse, [que]
de toute autre somme telle qu'elle soit qui en pouvoit avoir [esté]
divertie ; A moins qu'on s'imagine qu'aprés qu'un homm[e a]
souffert tous les desagremens d'une procedure criminelle, & [eu]
le jugement dans les formes, On peut neanmoins aprés [son]
absolution mettre de nouveau son innocence & son honneu[r en]
compromis, & traiter à l'ordinaire sous pretexte d'interests c[ivils]

12. L'acte de cette declaration est sous la cote C.

s mefmes queftions de fait dont les Juges eftablis par V. M.
ur en connoiftre à l'extraordinaire ont declaré l'accufation
lomnieufe. Mais peut-eftre Fauconnet & fon confeil ignorent
ue la charge de *l'extraordinaire* emporte avec foy celle de *l'ordi-*
ire, & que quiconque a pû affeurer fon honneur attaqué contre
s calomnies d'une temeraire accufation, n'eft tenu d'aucuns in-
refts civils envers la partie.

Ces chofes font fi triviales au Palais qu'il femble que de fe
orner de l'étendüe en cet endroit, c'eft vouloir prouver ce qu'il
a de plus certain dans nos mœurs & dans l'ordre judiciai-
e. Cependant comme dans l'état prefent des chofes, le Sup-
liant croit eftre obligé de mettre en évidence de toutes parts
extravagance des pretentions de ceux qui fe fervent du nom de
auconnet pour le fatiguer ; Qu'ils difent s'ils peuvent, fi fuppofé
ue le Suppliant fe fuft trouvé chargé au procés inftruit & jugé
u Chaftelet, d'avoir eû avec Gruflé une correfpondance crimi-
elle de tel nom qu'on l'a puiffe definir , *abus, malverfation, pre-*
arication, fuppofition, & interpofition de nom, &c. ils n'euffent pas
n confequence pretendu que la reftitution des deniers qu'on au-
oit juftifié avoir efté pris dans la Caiffe par le Suppliant leur eftoit
cquife.

C'eft à ce titre qu'en la Cour des Aydes ils ont fait [13] ordonner
ur les cas refultans du procés, que l'un des accufez feroit admo-
efté derriere le Barreau, ce faifant condamné à aumôner , *& en*
onfequence (ce terme dit beaucoup) *& en confequence declaré debi-*
eur de la Caiffe de Iean Gruflé de la fomme de quatre-vingt dix-
uit mil quatre cens livres reftant de plus grande ; laquelle mefme
omme de quatre-vingt-dix-huit mil quatre cens livres adjugée par
edit Arreft de la Cour des Aydes (cecy femble decifif) faifoit le
ujet de la demande [14] introduite au Confeil par la Requefte du 21.
Aouft 1685.

Mais au lieu de tant raifonner fur cette queftion qui n'eft que
de fait, le Suppliant eftime qu'il n'y a qu'à tranfcrire icy les propres termes de la Requefte de Fauconnet du 23. Septembre. C'eft
au fol. 1. v° & 2. r° où aprés avoir rapporté fes divers interefts & fes demandes contre le Suppliant & contre le fieur Defgraffieres expliquées dans fadite Requefte du 21. Aouft, dont les
moyens eftoient les mefmes foit contre le Suppliant foit contre
le fieur Defgraffieres en reprenant les conclufions de fadite Requefte du 21 Aouft , Il dit que la Cour des Aydes par fon Arreft «
du 3. Septembre dernier a non feulement prononcé la condamna- «
tion liquide du debet de Jean Gruflé ; & que cette condamnation «

13. V. l'Arreft du 3. Septembre 1686.
14. V. les conclufions de la requefte du 21. Aouft.

C

Après le juge-
ment de l'extra-
ordinaire on ne
reprend point
l'ordinaire.

Seconde raifon
de l'exemple de
ce qui a efté jugé
contre le fieur
Defgraffieres, &
des inductions
que Fauconnet
en tire.

» s'eſtend à l'encontre dudit Deſgraſſieres , *dautant que ledit*
» *graſſieres s'eſt trouvé chargé par les depoſitions des témoins , & a*
» *ſé d'avoir pris par de méchantes voyes des deniers dans la Caiſſe*
» *dit Gruſlé , Il a demandé reparation de cette accuſation qu'il a*
» *tenu eſtre calomnieuſe , les Directeurs & ſes Creanciers ſont in*
», *nus & ont demandé la décharge & abſolution dudit Deſgraſ*
» *avec main-levée des ſaiſies faites de ſes effets* entre leurs mai
» celles de ſes debiteurs , ſi bien que le procés a eſté inſtruit
» ledit ſieur Deſgraſſieres & les Directeurs de ſes Creanciers
» par meſme Arreſt ſans s'arreſter à ladite intervention & de
» de deſdits Creanciers dont ils ont eſté débouttez , *ledit*
» *graſſieres a eſté condamné pour les cas reſultans du procez à*
» *mandé à la Chambre pour derriere le Barreau eſtre admoneſté en*
» *cens livres d'aumône* appliquable au pain des Priſonniers de la C
» ciergerie du Palais , *& en conſequence a eſté declaré debiteur*
» *Caiſſe de Iean Gruſlé de la ſomme de quatre-vingt-dix-huit mil*
» *tre cens livres* reſtant de celle de cent quarante-ſept mil ſix
» livres , & condamné de payer ladite ſomme audit Fauco
» & ſes Cautions par privilege & preference à ſeſdits Creanciers
» BIEN QUE VOILA LE CHEF CONCERNANT LES C
» TRE-VINGT-DIX-HUIT MIL QUATRE CENS LIV
» QUI SE TROUVE JUGÉ A L'ENCONTRE DUDIT S
» DESGRASSIERES ET SES CREANCIERS.

Application. Que ſi le ſieur Deſgraſſieres eſt déja jugé par l'Arreſt de la C
des Aydes du 3. Septembre 1686. pour le chef des quatre-v
dix-huit mil quatre cens livres demandez par la Requeſte au C
ſeil du 21. Aouſt 1685. & cela comme Fauconnet le remarque
ordinaire tres-judicieuſement *parce que ledit Deſgraſſieres ſ*
trouvé chargé par les dépoſitions des témoins & accuſé d'avoir pr
des méchantes voyes dans la Caiſſe dudit Gruſlé qui eſt une accuſ
qu'il a pretendu calomnieuſe avec reparation , de laquelle il a eſté dé
té &c. Eſt-ce que le titre de l'accuſation eſtant commun ent
Suppliant & ledit Deſgraſſieres , l'inſtruction commune ſans
cune difference telle qu'on la puiſſe imaginer ; on ne comp
pas que ſi les Charges euſſent eſté auſſi fortes d'un coſté con
de l'autre , on auroit par identité de raiſons conclu que le ju
ment & l'effet auroit eſté pareil ; & en ce faiſant que l'Inſtanc
Conſeil pour le chef des cinquante mil livres pretendus pris p
Suppliant *dans la Caiſſe de Gruſlé par méchantes voyes , dol , fra*
divertiſſement , abus , ſuppoſition , & interpoſition de nom , & au
moyens expliquez dans la Requeſte du 21. Aouſt 1685. ſe trouvero
moyen de l'Arreſt contradictoire du 3. Septembre 1686. à pré
jugé en faveur de Fauconnet contre le Suppliant , comme i
qu'elle eſt jugée contre ledit ſieur Deſgraſſieres. Tant il eſt v

e le jugement du procés renvoyé en la Cour des Aydes influë
cessairement *dans les fins de la Requeste qui avoit esté presentée au*
seil le 21. Aoust 1681. aux fins de la restitution de tous les deniers
tendus divertis de la Caisse de Iean Gruslé. Mais encore une fois
as porter si loin ces raisonnemens, il est sans doute beaucoup
is à propos d'entendre derechef Fauconnet luy _ mesme sur
sujet & voir comment en cause d'appel il s'explique lors qu'il
plaint de la Sentence renduë au Chastelet au chef de l'absolu-
n prononcée en faveur du Suppliant avec reparation, dom-
ages & interests.

Par une premiere Requeste du 17. May 1686. il avoit demandé
estre receu appellant de ladite Sentence, mais comme pour moyens
ne disoit autre chose sinon *qu'il n'avoit point esté partie civile du*
ppliant au procés jugé à l'extraordinaire au Chastelet, il restraignoit
ssi par la mesme [15] Requeste du 17. May l'effet de sondit appel à
condamnation des dommages & interests dont il soûtenoit de-
ir estre déchargé; insinuant que tout au moins on avoit dû les
uider. Le Suppliant dans une Requeste employée pour réponse
elle dudit Fauconnet faisoit voir la supposition & le menson-
dans le fait; & dans les consequences, il en faisoit voir tout
ridicule, montrant que puis qu'il n'estoit plus question entre
' & Fauconnet que *du plus ou du moins dans les dommages &*
rests qui luy estoient adjugez par la Sentence dont estoit ap-
, (le Fermier ny le Procureur General ne se plaignant pas de
bsolution jugée en faveur du Suppliant) Fauconnet donnoit un
re au sieur Remond qui luy servoit également pour asseurer son
nocence & son honneur, comme pour faire voir que l'accusation
son égard estoit une calomnie.

Pour parer à cette objection Fauconnet, c'est à dire ceux qui
servent de son nom, donnerent deux Requestes en la Cour des
ydes. La premiere fut signifié le 6. Juillet, [15] ils y declarerent
rmellement *que le Fermier estoit appellant tant au chef de la repa-*
tion, & condamnation de dommages & interests adjugez au Sup-
iant, qu'en ce qu'il avoit esté renvoyé absous de l'accusation contre
y formée au Chastelet ...... *Que bien loin qu'il eust entendu*
straindre l'effet de son appel au Chastelet des dommages & interests
djugez au Suppliant les Fermiers generaux soûtenoient que c'estoit
eux qu'il en faloit adjuger ; Que le sieur Remond devoit en conse-
uence estre exclus de la societé des Fermes, & demeurer responsable des
vertissemens de Gruslé.

Dans la seconde requeste [15] qui est celle du 20. du mesme mois de
uillet, Fauconnet declara de rechef *qu'il estoit appellant de la*
ntencé du 3. Avril, en ce qu'elle avoit prononcé l'absolution & de-

___
[15]. Ces 3. requestes des 17. May 6. & 20. Juillet sous cotte F. G.

Troisiéme rai-
son tirée de l'a-
veu de Faucon-
net qui est de-
meuré d'accord
que l'absolution
du sieur Re-
mond seroit un
prejugé pour la
restitution des-
dits cinquante
mil livres.

charge du Suppliant ; auquel appel il eſtoit obligé d'inſiſter
pluſieurs raiſons, & principalement parce qu'il prevoyoit
la Sentence d'abſolution renduë en faveur du Suppliant eſto
firmée, il eſtoit impoſſible qu'elle n'entrainaſt le jugeme
demandes portées par la requeſte du 21. Aouſt 1685. Ga
certain (dit-il) *que quand meſme on n'auroit point adjugé de a
ges & intereſts au ſieur Remond, & qu'on l'auroit ſimpleme
voyé abſous de l'accuſation, les Supplians cautions de Fauconn
roient encore un intereſt fort ſenſible d'appeller de la Sentence
par deux raiſons, l'une qu'il auroit toûjours eſté jugé par cette
ce qu'ils avoient formé une accuſation calomnieuſe contre le ſieur R
L'autre que ledit ſieur Remond qui tire avantage & qui ſçait ap
à ſon profit juſques aux moindres termes d'une requeſte, meſ
qui font contre luy,* N'AUROIT PAS MANQUE' DE F
VALOIR CETTE SENTENCE POUR UN PREJUG
FAILLIBLE EN SA FAVEUR POUR L'INSTANCE
EST PENDANTE AU CONSEIL. Ce ſont les Intere
Bail de Fauconnet qui parlent en ces endroits-là. Ce ſont
ont preveû les ſuites & l'application des jugemens rendus a

Application.

ſtelet & en la Cour des Aydes ; C'eſt d'eux que le Supplia
prend à l'égard du ſieur Deſgraſſieres qu'il a eſté condan
ſouffrir *une admonition derriere le Barreau, parce qu'il s'eſ
chargé par les depoſitions des témoins & accuſé d'avoir pris par
chantes voyes des deniers dans la Caiſſe de Gruslé, & qu'en con
ce il a eſté declaré debiteur de ladite Caiſſe de la ſomme de quatr
dix-huit mil quatre cens livres* dont demande avoit eſté faite a
ſeil par Fauconnet ; C'eſt auſſi d'eux que l'on apprend que
tence du 3. Avril, & l'Arreſt qui devoit intervenir ſur l'ap
terjetté par le Fermier au chef de l'abſolution pouvoient ſer
ſeulement pour en induire *que leur accuſation qu'ils avoient
contre le ſieur Remond eſtoit calomnieuſe,* mais encore qu'elle
tenir *lieu de prejugé infaillible en ſa faveur en l'Inſtance pend
Conſeil* ; C'eſt donc aprés eux & avec eux auſſi qu'il faut
re que comme au moyen de l'Arreſt rendu le 3. Septembre
le ſieur Deſgraſſieres & ſes creanciers, le chef de la requeſ
ſentée au Conſeil le 21. Aouſt *concernant la reſtitution des
vingt-dix-huit mil quatre cens livres pretendus pris dans la Ca
trouve jugé deffinitivement* contre ledit ſieur Deſgraſſieres
creanciers ; auſſi le chef de la reſtitution des cinquante m
*pretendus pris dans la meſme Caiſſe par le Suppliant de concert
dit Gruslé,* & à laquelle reſtitution on avoit auſſi conclu
meſme requeſte du 21. Aouſt & ſur les meſmes moyens ſe
jugé en faveur du Suppliant, & qu'ainſi ce n'eſt pas là la
d'un procés.

La caufe du Fermier eftant fi fort deftituée de fondement & de
ifons, on pourroit fort naturellement faire en cet endroit une
flexion pour tâcher d'entendre d'où vient qu'il renouvelle avec
nt d'opiniaftreté au Confeil de V. M. une conteftation déja
rminée d'une maniere qui a deû donner de la confufion à ceux
ui avoient donné le confeil de l'entreprife ; mais en attendant
ue le Suppliant s'explique d'avantage fur cette conduite, il croit
ue fans interrompre la fuite du difcours, il faut paffer au refte.

Le Suppliant pouroit fans s'incommoder beaucoup, reprenant
n particulier chacun des moyens que Fauconnet explique affez au
ong dans fa requefte du 23. Septembre, faire repentir l'autheur
e cette piece & la partie fous le nom de laquelle elle a efté pre-
entée de s'eftre abandonné à des redites de chofes qui ne fervent plus
le rien. Car affurement le fieur Remond auroit un grand avantage, repaffant tous les endroits de cette requefte en particulier,
le redire au Confeil certaines chofes qu'il a expliquées dans fes
premieres requeftes & en celles du Chaftelet & de la Cour des
Aydes ; Lefquelles chofes fi elles n'ont pas donné de la mortifica-
ion à des gens qui n'ont aucune delicateffe de fentimens, elles
ont au moins parû neceffaires à la défenfe du Suppliant, qui a mon-
ré fes ennemis tels qu'ils font dans leur conduite & dans leur fer-
ice : Mais aprés l'Arreft du trois Septembre 1686. il n'eft plus
emps de relever aucune de ces chofes, ny d'y adjouter celles qui
ont arrivées depuis aux Bureaux generaux du Tabac & des Aydes
à Paris ; Elles ne font ignorées de perfonne, & la matiere des
premieres a pour ainfi dire efté épuifée par les productions civiles
& par les requeftes que les parties ont fournies de part & d'autre
ant en premiere inftance que fur l'appel renvoyé à la Cour des
Aydes les 18. Février 5. 18. & 28. Mars, 17. May, 28. Juin, 6. 10. &
20. Juillet dont le Suppliant a pris foin de remplir la ville pour fa
plus grande juftification.

LE SUPPLIANT a efté caution de Gruflé envers Boutet de la
fomme de vingt-cinq mil livres. La foumiffion qu'il en a faite
eft du 4. Septembre 1680. Si Boutet avoit pû faire voir qu'il eft
creancier de Gruflé de quelque partie que ce foit jufqu'à concu-
rance defdits vingt-cinq mil livres, le Suppliant auroit fait fes
offres de les payer ; Mais n'y ayant de creances établies contre ledit Gruflé, qu'en faveur de Fauconnet, n'apparoiffant d'aucun
reliquat de compte à fon profit, Le Suppliant fe croit bien fon-
dé à demander d'eftre déchargé du payement de la partie dont il
s'eftoit rendu caution, & que fon acte de cautionnement dudit jour
4. Septembre 1680. luy foit reftitué comme de nulle valeur, attendu qu'il dénie formellement qu'il foit dû aucune chofe audit
Boutet.

D

Le sieur Re-
mond a offert
diverses fois le
payement à Fau-
connet.

La question concernant le payement des cinquante mil
dont le Suppliant s'est rendû caution envers Fauconnet par
du 26. Septembre 1681. n'est un procés que parce qu'il con
aux ennemis du Suppliant d'avoir une affaire avec luy ; Il a fa
re [16] à diverses fois, judiciairement & extrajudiciairement, de
aux Interessez du Bail dudit Fauconnet les causes du cautio
ment de Gruslé , mesme les interests suivant qu'il s'y est o
envers Jean & Simon Gruslé par les actes du 28. Septembre
en luy deduisant la somme de huit mil livres à luy deüe par
Gruslé ; Il a écrit de Montpellier dés le 5. Aoust 1685 aux Fer
generaux qu'il estoit prest de le faire ; Il a eû l'honneur
Septembre suivant dans un placet à Monsieur le Controlle
neral des Finances de luy dire la mesme chose ; Il en a fait les
en bonne forme par autres requestes des 1. Octobre & 20. N
bre ; Depuis la Sentence du Chastelet du 3. Avril il y a persis
acte du 19. du mesme mois ; Il continüe de dire comme cy-d
qu'il est prest de payer en luy rendant ses actes de caution
& les reconnoissances trouvées sous le scellé de Gruslé quittar
Et il espere que ceux qui feront quelque attention sur ta
declarations jugeront que ses ennemis ne les refusent que
qu'en les acceptant le procés seroit finy.

Raisons pour
lesquelles les of-
fres du sieur Re-
mond ne font
pas acceptées.

Il importe pour plus d'une raison à ceux qui ont juré la
du Suppliant d'avoir une affaire avec luy. D'autres gens,
que plaisir qu'il y ait en esperant de se vanger,) ne voudroie
se charger de la honte qu'on ne peut éviter en soûtenant
pas une cause déja decidée avec des termes qui notent ceu
l'avoient entreprise, mais seulement une affaire qui paroistroit
vaise au jugement de tout le monde : Mais pour eux il n
importe à quel prix, sans raison, sans fondement, contre
les regles de la Justice & du bon sens, tout cela n'est rien p
qu'ils tiennent le Suppliant occupé, & que cette occupatio
re tout autant qu'il convient à leur interest & à leur passio
Suppliant implorera l'autorité & la protection, On sçai
qu'elle ne luy manquera pas, mais ces secours là ne vienne
tout à coup sur tout dans une affaire comme celle-cy, en la
le l'une des parties met toute son industrie à en éloigner
cision. Que le Suppliant mette, s'il veut, dans leur jour les
fices & la conduite dangereuse de ses parties, lesquelles cr
pouvoir se joüer, pour ainsi dire, de la Justice & de la pui
des Magistras ont toûjours eu en veüe, s'il pouvoit leur éc
d'un costé, de tâcher de l'arrester de l'autre, le poussant à
me temps pour un mesme fait au Conseil & au Chastelet ;
dise ensuite que le public ainsi que les Juges qui ont pronon

16. Ces actes d'offres sont sous la cotte M.

extraordinaire, ont eu de l'indignation de voir que pendant que
'un cofté les ennemis du Suppliant le pourfuivoient à l'ordinaire
u Confeil fous le nom de Fauconnet pour la reftitution des de-
iers pretendus pris dans la Caiffe avec la referve inferée en la
equefte du Fermier d'un *fans prejudice de l'extraordinaire pendant
u Chaftelet*, d'autre cofté les mefmes gens meditoient de le faire
rrefter ignominieufement, le pouffant fans quartier & fans relâ-
he fous le mefme nom de Fauconnet pour l'obliger de fubir
'interrogatoire & la confrontation ; luy faifant faire le procés
lans les formes conjointement avec des voleurs de deniers publics pour le mefme fait de divertiffement, & cela *fans prejudice*,
difoit-on auffi *de l'inftance pendante au Confeil ;* Qu'il les dépeigne
comme on les a veüs au Chaftelet & à la Cour des Aydes, reduits
comme des miferables, tantoft à defavoüer [17] toute une inftruction
criminelle faite à leur nom, & à dire contre la teneur de leurs
propres actes *qu'ils n'avoient jamais pretendu accufer le Suppliant de
quoy que ce foit*, & tantoft à fe retracter dans des requeftes fui-
vantes pour foûtenir *que le fieur Remond eftoit coupable d'abus, de
prevarication, de malverfation, d'infidelité au fait des deniers dont
Gruslé eftoit depofitaire* & conclure en confequence *qu'ils eftoient
bien fondez à fe plaindre du chef de la Sentence qui avoit abfous le
Suppliant de l'accufation de ces mefmes faits ;* & tout cela pour épar-
gner peut-eftre un millier d'écus de dommages & interefts; Qu'il
fe recrie, s'il veut fur l'injuftice & fur l'oppreffion veritable quil
fouffre aprés fon abfolution jugée & confirmée par Arreft contradictoire fur le veu des Charges, de fe voir de nouveau traduit
au Confeil de V. M. pour le mefme fait pour lequel on vient de
luy faire le procés, & cela par ceux là mefmes qui non feulement ne
fe plaignent pas de cet Arreft, mais qui l'ont [18] executé; Tout cela n'eft rien. On fçait bien que tout ce qu'on fait fera toûjours
cenfuré, mais que fait cela à des gens qui ne plaident que
pour plaider, & dont toute l'efperance confifte dans la durée
du procez?

Depuis plus d'un an les ennemis du Suppliant le tiennent éloi-
gné du fervice & des affaires ; les interefts de fes avances du mefme temps luy font [19] arreftez ; la difpofition des commiffions [19] qui
font dans fon lot luy eft oftée; les frais de fes voyages luy [19] font re-
tenus ; on ne veut pas feulement fouffrir que les directeurs de la
Ferme luy donnent les connoiffances qu'il leur demande pour le
bien du fervice ; on cherche de toutes parts à l'entamer ; on efpe-

17. Dans leurs requeftes au Chaftelet des 5. & 28. Mars, la requefte d'appel des 17. May & 6. Juillet
1686. fous la cotte F. G.
18 V. les offres de compenfer les dommages & interefts du 29. Septembre.
19. V. les pieces de la cotte N.

re toûjours que le temps produira ce qu'on avoit attendu de
fet des brigues, des pratiques, de la calomnie, & de tout le
qu'on ne veut pas dire ; Le Suppliant, à la verité, a fait juger
cusation de Fauconnet calomnieuse : Mais jusques à ce qu'il a
un Arrest d'absolution qu'est - ce que l'on n'a pas dit qu'est
que l'on n'a pas fait pour le perdre? Depuis tant de temps
travaille à luy oster le credit, on se persuade qu'on reüssira s
peut jusques à la fin le tenir en l'estat où on l'a reduit loin
Bureau & de toute correspondance. Alors on luy laissera
partage des fruits de la societé les soins de chercher où il p
les advances dans lesquelles il est de prés de six cens mil livr
principal ou interests qu'on luy retient : Alors ses ennemis su
les plans qu'ils se sont faits joüiront de la douceur d'une veng
ce après laquelle ils soupirent depuis l'affront qu'ils vienner
recevoir à la Cour des Aydes : Et en sa personne ils donneron
leçons à ceux d'entre les associez qui à l'imitation du Supp
oseront leur donner des avis des abus & malversations de
Commis, ou mettre en évidence leur mauvais service.

A ces causes, SIRE, plaise a Vostre Maje
faisant droit sur les contestations pendantes en Vostre Conse
consequence des requestes respectivement presentées par les
ties les 21. Aoust, 1. & 8. Octobre, 20. Novembre, 1. & 15. De
bre 1685. & 23. Septembre 1686. donner acte au Suppliant de ce
persiste aux offres par luy faites par ses requestes dés 1. Octob
20. Novembre 1685. reïterées par acte du 19. Avril 1686. & qu
nouvelle d'abondant en tant que de besoin, de payer dans le j
Maistre Jean Fauconnet & ses Cautions interessez au Bail ge
des Fermes unies tant la somme de cinquante mil livres de
cipal conformément à l'acte de cautionnement du 26. Septe
1681. qu'interests de ladite somme *receuë en nantissement* en deux
ties de vingt-cinq mil livres chacune, l'une de Jean, & l'autt
Simon Gruslé ; & ce depuis le 28. Septembre 1 6 8 1. en execu
& conformément à la clause portée par les actes *desdits nan*
mens dudit jour 28. Septembre trouvez sous le sçellé dudit,
flé ; Sur ce prealablement déduit la somme de huit mil livres
audit Suppliant par promesse du 14. May *cy - attachée*, sui
& conformément à la declaration inserée au memoire des
dudit Gruslé trouvé sous ledit sçellé ; Declarer lesdites offres
nes & valables ; en consequence, & attendu que le Supplian
nie absolument qu'il soit dû aucune chose par Jean Gruslé
raison du maniement qu'il a eu des deniers du Bail dudit
tet, Ordonner qu'en faisant par ledit Suppliant le payement
dits cinquante mil livres par luy offerts & interests, (sur iceux
lablen

lement déduits lesdits huit mil livres), les actes de cautionne-
nt des 4. Septembre 1680. & 26. Septembre 1681. luy seront
dus ; ensemble les reconnoissances sous seing privé passées au
ofit de Jean & Simon Gruslé de vingt-cinq mil livres chacune
dit jour 28. Septembre 1681. Faisant droit sur le surplus des de-
ndes dudit Fauconnet & Boutet & de leurs Cautions inserées
l'Arrest du Conseil du 21. Aoust 1685. En consequence de la
ntence d'absolution du 3. Avril, Arrest & Lettres d'attribution
jurisdiction des 6. Avril & 12. Aoust 1686. & Arrest de la Cour
s Aydes confirmatif de ladite Sentence du 3. Septembre sui-
nt, Que lesdits Boutet & Fauconnet & leurs Cautions seront
clarez non recevables & mal fondez aux fins & conclusions par
x prises dans leurdite Requeste contre le Suppliant ; Ce faisant
en execution des jugemens rendus sur l'extraordinaire, confor-
ément à ladite Sentence du 3. Avril, & Arrest de la Cour de-
ydes dudit jour 3. Septembre, Qu'il sera renvoyé quitte de la de-
ande en rapport & restitution desdits cinquante mil livres pre-
ndus *pris & divertis de concert avec Jean Gruslé dans la Caisse des*
rmes par dol, artifice, fraude, perfidie, supposition, & interposition de
m, & autres mauvaises voyes expliquées dans ladite Requeste
21. Aoust ; Tous lesquels termes *de vol, divertissement, dol,*
ude, & autres termes injurieux & calomnieux ; mesme ce que ledit
uconnet a avancé temerairement dans la Requeste du 23. Septem-
e 1686. contre les termes de l'absolution & reparation adjugées
dit Suppliant en la Cour des Aydes, [*Qu'il estoit suffisamment ju-*
stié que le Suppliant avoit pris cinquante mil livres en la Caisse de
ruslé sous pretexte de cautionnement] seront rayez des Requestes
quelles lesdits Boutet & Fauconnet les ont employez ; Que main-
vée sera faite audit Suppliant de la surseance mise par ordre des
autions de Fauconnet à costé de l'estat delivré à Palerne le 10.
nvier 1686. & autres semblables estats posterieurs contenans les
éfenses faites audit Palerne de payer au Suppliant les interests de
s avances, & ordre de *les retenir pour seureté de l'evenement des*
emandes &c. laquelle surseance sera declarée injurieuse, tortion-
aire & déraisonnable, les Cautions dudit Fauconnet condamnez
ux dommages & interests en procedant : Permis au Suppliant d'as-
ster à toutes les Assemblées des Interessez aux Baux de Maistres
laude Boutet & Jean Fauconnet, tant au Bureau general qu'aux
Bureaux particuliers en cette ville de Paris suivant la distribution
qui en sera faite par le sieur Controlleur General des Finances de
V. M. Défenses aux Cautions Dudit Fauconnet de se plus ingerer
de leur autorité de l'exclure de l'entrée desdites Assemblées & Bu-
eaux & disposition des Commissions mises dans son lot : Se re-
servant à se pourvoir en temps & lieu pour ses dommages & inte-

reſts reſultaus tant de ladite excluſion & diſpoſition faite c
ſon conſentement deſdites Commiſſions à luy écheuës, & no
ment de celle de la direction generale du Bureau des Ayd
Paris, que de toutes deliberations, adminiſtrations & dépenſ
luy pourroient eſtre prejudiciables en procedant, & permett
Suppliant d'ajoûter à ſes Requeſtes les pieces cy-aprés ſervan
fins y mentionnées.

Sçavoir ; Premierement le decret d'adjournement perſonn
23. Aouſt 1685. *requis par Fauconnet, contre le Suppliant & l*
Deſgraſſieres.

2. L'exploit de ſignification d'iceluy du 6. Septembre, à
queſte dudit Fauconnet par l'Huiſſier du Bureau.

3. Une Sentence du Chaſtelet du 12. Septembre 1685. renc
profit & *à la requeſte dudit Fauconnet* portant que le Sup
ſera pris au corps ſi dans un bref delay il ne ſe fait interrog

4. L'exploit de ſignification de ladite Sentence du 15. dudi
de Septembre *encore à la requeſte dudit Fauconnet.*

5. Une autre copie du decret & exploit de ſignification
luy *à la requeſte de Fauconnet par l'Huiſſier du Bureau* du vi
me Septembre.

6. La Sentence du 28. Novembre *obtenuë par Fauconnet* q
donne le recolement & confrontation ; elle eſt rapportée &
dans la Sentence definitive du Chaſtelet du 3. Avril 1686.

7. Un advenir du 18. Decembre pour plaider à l'Audien
Chaſtelet ſur la requeſte verbale du Suppliant afin d'abſol
faute par Fauconnet accuſateur de luy produire des témoin

8. & 9. Les exploits de ſignification faite de ladite Sente
26. Novembre au Suppliant des 21. & 23. Decembre 1685
requeſte dudit Fauconnet avec aſſignation pour ſubir la *conf*
tion.

10. L'exploit d'aſſignation donné au Suppliant le 1. Avri
à la requeſte dudit Fauconnet, pour eſtre ouy à la Chamb
Conſeil lors du jugement du procés criminel de Gruſlé.

11. Les qualitez de la Sentence dudit jour 3. Avril 1686.
Fauconnet demandeur & complaignant d'une part, *Et Jean*
Simon Gruſlé, Jean Cherouvrier, le ſieur Remond &c. défende
accuſez d'autre, laquelle Sentence eſt cy-aprés produite.

Servent leſdites pieces pour faire voir *que toute la pourſ*
procedure criminelle ſans exception d'aucun acte *a eſté comm*
pourſuivie & jugée contre le Suppliant à la requeſte dudit Fau
Et ſont cy-cottées . . . . A

Produit auſſi par employ les plaintes renduës par Paler
par Fauconnet le 31. Juillet 1685. *du divertiſſement & banqu*
de Gruſlé, elles ſont inſerées & viſées dans la Sentence du 3.

les sont formées contre ledit Iean Gruslé NOMINATIM : car il n'y
que luy de nommé & *contre ses complices & adherans* en termes
eneraux.

Employe pareillement les qualitez & le dictum de la Sentence
u Chastelet du 3. Avril où il est dit *que Grusle est jugé pour vol do-
mestique & banqueroute frauduleuse.*, dont luy & ses complices
stoient accusez.

Et les qualitez & le dispositif de l'Arrest de la Cour des Aydes du 3. Septembre où il est dit en jugeant l'appel de ladite Sentence que Gruslé est *atteint d'abus, malversation, & divertissemens,*
& les autres *accusez* sont jugez sur le mesme titre d'accusation.

Lesquelles pieces servent pour faire voir *que le divertissement
des deniers de la Caisse, le vol, l'abus, la malversation, la fraude,
la complicité desdits abus & malversations faisoient la matiere du jugement du Chastelet & de la Cour des Aydes* Entre Fauconnet demandeur & accusateur d'une part, Jean Gruslé, le Suppliant &
autres *accusez de complicité* défendeurs d'autre, Et sont cy-cottées
.... B.

Pour faire voir la necessité où le Suppliant a esté de se défen-
dre à l'extraordinaire, & comment, *lors qu'il ne songeoit qu'à repon-
dre sur la demande faite à l'ordinaire au Conseil, il a esté obligé malgré
luy de subir la rigueur du jugement à l'extraordinaire, & declaré de
bonne foy à Fauconnet qu'il alloit de l'agrement de Monsieur le Contrôl-
leur General poursuivre au Chastelet son absolution prealable des faits
de complicité & divertissement, abus, malversation, supposition, &
interposition de nom & concert au fait des deniers de la Caisse,* à quoy
ledit Fauconnet ne s'est point opposé & n'a rien voulu répondre.

Employe le Suppliant les pieces de la cotte A, cy-dessus servant
à faire voir la poursuite à l'extraordinaire faite au Chastelet *à la
requeste de Fauconnet.*

Produit à mesmes fins un acte signifié audit Fauconnet le 24.
Janvier 1686. à la requeste du Suppliant contenant sa declaration
*que veu l'estat des poursuites qui se faisoient contre luy au Chastelet &
qu'on l'avoit obligé de souffrir la confrontation, il alloit de l'agrement
de Monsieur le Contrólleur General poursuivre au Chastelet le jugement
d'absolution prealable des cas à luy imposez par Fauconnet, tant par son
accusation que requestes presentées au Conseil de fraude, complicité,
vol, divertissement des deniers de la Caisse, abus, & malversation au
fait d'icelle, supposition, & interposition de nom, & autres mechantes
voyes.* Ledit employ & pieces cy-cottez.   C

Pour faire voir comme la demande afin de restitution & rapport
des cinquante mil livres pretendus pris par le Suppliant dans la
Caisse de Gruslé de concert avec luy *estoit fondée sur les moyens de
divertissement, dol, fraude & artifice, abus, mauvaises voyes, preva-*

rication, concert, & que mesme pour la preuve ledit Fauconnet
l'authorité des charges & informations & autres procedures fait
Chastelet à l'extraordinaire employe trois pieces.

La premiere, la requeste de Fauconnet inserée en l'Arrest d
Aoust afin de restitution disdits cinquante mil livres. Dans l
requeste sont expliquez pour moyen le dol, la fraude, le concer
complicité du Suppliant avec Gruslé ; On l'y accuse de vol, d
vertissement, & de prevarication. Les extraits de laquelle requ
sont cy-attachez, le Conseil de V. M. est tres-humblement
plié de s'en faire faire lecture & des deux pieces suivantes, le
pliant obmettant pour cause de brieveté d'en faire un plus
extrait.

La deuxiéme & troisiéme encore par employ sont autres
pies de Requestes de Fauconnet, l'une du 8. Octobre, l'autre
1. Decembre 1685. dont les extraits sont aussi cy-attachez co
nant les mesmes moyens de dol, fraude, perfidie, & les mesmes
sations de vol, de divertissement & de complicité avec un emplo
par Fauconnet contre le Suppliant des interrogatoires des accusez
sont lesdites pieces cottées. .... D.

Pour montrer l'insigne mauvaise foy de Fauconnet, & l'i
sion qu'on a voulu faire à la Justice sous son nom, & accab
le Suppliant, & mesme le surprendre par des declarations m
songeres

Employe ledit Remond sa Requeste du premier Octobre 16
dans laquelle il se plaint de ce que Fauconnet le poursuit au Con
à l'ordinaire, & au Chastelet à l'extraordinaire pour mesme fait.

Plus la Requeste dudit Fauconnet du 8. dudit mois d'Octo
servant de réponse à la precedente Requeste, en laquelled
Requeste Fauconnet declare ledit jour 8. Octobre qu'il ne veut
poursuivre le Suppliant au Chastelet sur l'extraordinaire.

Plus la Sentence du 26. Novembre ensuivant cy-dessus, q
ordonne la confrontation.

Plus l'avenir du 18. Decembre aussi supra pour plaider sur
Requeste verbale du Suppliant pour estre renvoyé de l'extraord
naire faute par Fauconnet de produire témoins.

Plus les assignations données audit Suppliant à la Requeste
Fauconnet & par l'Huissier du Bureau lesdits jours 21. & 23. Decen
bre aussi cy-devant produites aux fins de la confrontation en executi
de ladite Sentence du 26. Novembre precedant.

Plus les procés verbaux desdites confrontations faites au Sup
pliant au Chasteau de la Bastille & au Chastelet les 22. & 24. De
cembre 1685. ils sont dattez & rapportez dans la Sentence
Chastelet.

Plus l'exploit du premier Avril à la Requeste de Fauconn
contenan

ntenant l'*affignation donnée au Suppliant pour eftre oüy en la Cham-*
re du Confeil lors du jugement du procés criminel. Et font lefdits
mploys cy-cottez. . E.

Pour montrer *les artifices dangereux dudit Fauconnet qui pourfui-*
oit le Suppliant à l'ordinaire au Confeil fans prejudice de l'extraor-
dinaire pendant au Chaftelet, & à l'extraordinaire fans prejudice de
ordinaire, au Confeil, ce qui eftoit une pure illufion fe joüant ainfi
'e la Juftice & des formes qui n'admettent point les concours
les jugemens & des actions civiles & criminelles, ce qui fe faifoit
reantmoins avec deffein comme l'évenement l'a juftifié pour taf-
her d'opprimer le Suppliant par l'une de ces deux differentes
ctions aprés que l'autre auroit efté confommée.

Employe le Suppliant les conclufions de la Requefte de Fauconnet inferée en l'Arreft du 21. Aouft 1685. *qui contiennent les fins*
civiles dudit Fauconnet SANS PREJUDICE DE L'EXTRAOR-
DINAIRE CONTRE GRUSLE' ET SES COMPLICES.

Plus les Requeftes prefentées au Chaftelet & en la Cour des
Aydes, l'une du 5. Mars 1686. fervant de contredits à la production civile du Suppliant, dans les conclufions de laquelle Fauconnet demande *que le Suppliant foit débouté des fins de fa Requefte*
du 18. Fevrier tendante à fin de reparation de l'accufation calomnieufe
avec dommages & interefts, SANS PREJUDICE DE L'INSTANCE
PENDANTE AU CONSEIL.

L'autre du 17. May eft la Requefte employée par Fauconnet
pour moyens d'appel & de nullité contre le chef de la Sentence
portant abfolution du Suppliant, dans les conclufions de laquel-
e Requefte ledit Fauconnet conclud *d'eftre receu appellant de ladite*
Sentence en ce qu'elle avoit renvoyé le Suppliant abfous avec domma-
ges & interefts tels que de raifon, en émendant décharger Fauconnet &
es Cautions defdites condamnations avec dommages & interefts, LE
TOUT SANS PREJUDICE DE L'INSTANCE PENDANTE
AU CONSEIL.

Et enfin la Requefte dudit Fauconnet du 23. Septembre 1686.
prefentée au Confeil dans laquelle il reprend toutes les demandes expliquées dans fa Requefte du 21. Aouft 1685. & conclud
tant contre le fieur Defgraffieres que contre le Suppliant *comme*
par ladite Requefte du 21. Aouft 1685. prenant ainfi des conclufions
à l'ordinaire & fur le civil aprés que l'extraordinaire & la matiere
criminelle a efté confommée entierement avec toutes les formes
les plus fcrupuleufes des jugemens criminels. Et font lefdits em-
ploys cy-cottez. . F.

Pour montrer *que l'extraordinaire concernant les divertiffemens pre-*
tendus de cinquante mil livres & le fait d'abus, malverfation ou preva-
rication, dol, fraude &c. enfemble des reftitutions à faire en confequen-

F

ce font jugez par les Sentence & Arreſt des trois Avril & troi

tembre 1686. & que Fauconnet luy-meſme a entendu que le jugem

l'extraordinaire emportoit le jugement de l'ordinaire & la queſtion

& introduite au Conſeil par ſa Requeſte du 21. Aouſt 1685. à fin de re

tion des deniers pretendus mal pris dans la Caiſſe de Gruſlé par ces

Aſſociez.

Employe leſdites Sentences du Chaſtelet & 'Arreſt de la

des Aydes par leſquels tous les accuſez du fait deſdits divertiſſem

abus, malverſation & complicité, le ſieur Deſgraſſieres & le Sup

comme les autres, ſont jugez definitivement par leſdites Sentence

reſt pour le fait deſdits abus, divertiſſemens, malverſations, vol,

queroute & autres cas ce concernant, & les reſtitutions en conſequenc

gées contre ceux qui en pouvoient eſtre tenus... Nommement ledit

Deſgraſſieres pour la ſomme de quatre-vingt-dix-huit mil quatre

livres dont demande luy avoit eſté faite au Conſeil par la Req

du 21. Aouſt ſur les meſmes moyens de dol, fraude, abus, malv

tion, complicité & autres mauvaiſes voyes ſur leſquelles la reſtitu

deſdits cinquante mil livres auſſi pretendus pris par le Supp

eſtoit fondée par la meſme Requeſte du 21. Aouſt.

Employe auſſi les Requeſtes dudit Fauconnet preſentées

Cour des Aydes les 6. & 20. Juillet 1686. dans la premiere deſ

les il declare qu'il eſt appellant de la Sentence du 3. Avril ta

chef de la reparation civile adjugée au Suppliant dommages & inté

qu'en ce qu'il avoit eſté renvoyé abſous de l'accuſation, ſoûtenan

c'eſtoit à eux qu'il faloit adjuger des dommages & intereſts, &

ſieur Remond devoit en conſequence ſuivant la Requeſte preſent

Conſeil eſtre exclus de la ſocieté, & demeurer reſponſable du divé

ment de Gruſlé.

Et dans la ſeconde Requeſte ledit Fauconnet declare der

qu'il eſt appellant de ladite Sentence en ce qu'elle avoit prononcé l

lution du Suppliant, & qu'il eſtoit obligé d'inſiſter audit appel en

par pluſieurs raiſons, mais principalement parce qu'il prevoyoit que

Sentence renduë en faveur du ſieur Remond eſtoit confirmée outre

en induiroit que l'accuſation eſtoit calomnieuſe, Le Suppliant ne ma

roit pas de la faire valoir COMME UN PREJUGE' INFAI

BLE EN SA FAVEUR POUR L'INSTANCE QUI EST

PENDANTE AU CONSEIL.

Employe auſſi auſdites fins que deſſus la requeſte de Fauco

du 23. Septembre 1686. dans laquelle reſumant les demandes

contre le ſieur Deſgraſſieres au Conſeil par la requeſte du 21.

1685. pour le payement des quatre-vingt-dix-huit mil quatre

livres par luy pretendus pris dans la Caiſſe de Gruſlé, ledit

connet dit que ledit Deſgraſſieres s'eſtant trouvé chargé par les

tions des témoins & accuſé d'avoir pris par des méchantes voyes

iers dans la *Caiſſe de Gruſlé* & *le procés inſtruit avec Deſgraſſieres il*
a eſté condamné pour les cas reſultans du procés &c. CE FAISANT
DECLARE' DÉBITEUR DE LA CAISSE ; *ſi bien* (dit Fauconnet un peu plus bas) *que voila* LE CHEF DES QUATRE-
VINGT-DIX-HUIT MIL QUATRE CENS LIVRES QUI
SE TROUVE JUGE'. *à l'encontre dudit Deſgraſſieres* & *ſes crean-*
ciers.

Employe en dernier lieu à meſmes fins la requeſte de Fauconnet
du 21. Aouſt 1685. dans laquelle parlant des divertiſſemens dont
le ſieur Deſgraſſieres eſtoit accuſé juſques à concurrance des quatre-vingt-dix-huit mil quatre cens livres , ledit Fauconnet ajoute,
que ſi ledit Deſgraſſieres n'avoit pas rejetté de la ſocieté comme il a eſté
par l'Arreſt du dix-huitiemé Decembre 1683. il y auroit lieu de l'en ex-
clure ainſi que le ſieur Remond le doit eſtre, eſtant aiſé de voir que l'un
& l'autre ont fait leurs avances des deniers tirez de la Caiſſe par arti-
fice & mauvaiſe voye. . . . Marquant ainſi la parité de raiſons ; &
fondant la pretention de l'excluſion de ces deux hommes , & les
rapport & reſtitution à faire par eux à la Caiſſe de Gruſlé , ſur le divertiſſement des deniers de ladite Caiſſe tirez *par artifice & mau-*
vaiſe voye de la Caiſſe des Fermes pour en faire leurs avances. Et ſont
leſdites pieces cy-cottées. . . . G.

Pour juſtifier en tant que de beſoin de la competance du Châ-
telet & de la Cour des Aydes pour le jugement du fait deſdits divertiſſemens & reſtitutions à faire en conſequence, tant par Gruſlé
que par les autres ſes pretendus *complices* , & nommément par le
Suppliant. Produit deux pieces.

La premiere par employ viſée dans l'Arreſt du trois Septembre 1686. eſt l'Arreſt du Conſeil d'Eſtat du 6. Avril 1686. *qui at-*
tribuë à la Cour des Aydes la connoiſſance de l'inſtance d'appel de la
Sentence renduë au Chaſtelet le trois Avril ENTRE FAUCONNET
demandeur & accuſateur d'une part , Et Iean Gruſlé, Simon Gruſlé,
Marie de la Cour , Lambert Clerx , Lequin', Noiſet , le ſieur Deſ-
graſſieres , François Remond & autres accuſez & défendeurs , ſur lequel appel *circonſtances & dépendances* il eſt dit *que les parties pro-*
cederont en ladite Cour.

La ſeconde eſt copie ſignifiée au Suppliant des Lettres patentes du 12 Aouſt 1686. qui attribuënt de nouveau à ladite Cour
des Aydes la connoiſſance & jugement dudit procés, *circonſtances*
& dépendances entre toutes les parties cy-deſſus nommées , & ſpecia-
lement à l'égard du Suppliant, & commet pour ledit jugement les Com-
miſſaires dénommez.

Employe à meſmes fins toutes les procedures volontaires de
Fauconnet & ſes cautions au Chaſtelet & à la Cour des Aydes,
tant auparavant que depuis , & en execution deſdites Lettres &

Arreſt d'attribution, & nommément les procedures à l'extra͏
naire faites à la requeſte dudit Fauconnet contre ledit Supp͏
cy-deſſus produites en grand nombre ſous la Cotte A. Et
leſdits Arreſt & lettres cy cottez H.

Outre tout ce qui reſulte des declarations menſongeres d͏
connet portées par ſa Requeſte du 8. Octobre cy-deſſus ex͏
ſous la cotte E. Pour toûjours juſtifier des méchantes prati͏
dont on ſe ſervoit pour ſurprendre le Suppliant, & l'accable͏
la voye de *l'extraordinaire*; Specialement pour faire voir que
dant que ceux d'entre les Fermiers generaux qui ont la dire͏
du Bureau general de Paris, fourniſſoient au Suppliant de
veaux ſujets pour l'occuper pour le ſervice des Fermes da͏
département du haut & bas Languedoc, les meſmes Fermier͏
vailloient à Paris avec application, non pas tant pour l'inſtru͏
de ſon procés criminel, que pour acquerir les moyens d͏
faire un inſigne affront en le faiſant arreſter priſonnier.

Employe le Suppliant le decret d'ajournement perſonnel
tenu à la requeſte de Fauconnet le 23. Aouſt, & l'aſſignation
née en conſequence le ſix Septembre pour ſubir dans trois
l'interrogatoire.

Produit à meſmes fins la Lettre de l'un des Fermiers qui
plus de part à la direction generale au Bureau de Paris, daté͏
29. Aouſt en réponſe d'une autre Lettre que le Suppliant a͏
écrite de Tholoſe le 22. du meſme mois, dans laquelle dite
tre du 29. Aouſt celuy qui l'écrit ne dit rien au Suppliant
Confrere & ſon Aſſocié aux Baux de Boutet & Fauconnet des
cedures commencées contre luy à l'extraordinaire, ny de l͏
ceſſité qu'il y a qu'il ſe rende à Paris pour ſe faire interro͏
Mais il luy donne divers ordres pour l'occuper ſur diverſes
tures d'affaires; *l'Une concernant les traitez des Chambres & R͏*
tages du haut Languedoc, Une autre *pour le fait du commerce des S͏*
& droits en dépendans, celle-là eſtoit pour le bas Languedoc.
autre *pour l'execution d'un Arreſt concernant les émolumens des Commi͏*
Une autre *pour les viſites des Bureaux du cru du Tabac en Guyen͏*

Employe auſdites fins la Sentence du Chaſtelet du 12. Sept͏
bre audit an renduë *à la pourſuite de Fauconnet qui demandoit*
le decret d'adjournement perſonnel ſignifié le ſixiéme fut converty en
ſe de corps faute par le Suppliant d'avoir preſté l'interrogatoire : Et͏
leſdits emplois cy cottez .. I.

Pour faire voir la continuation des méchantes & dangere͏
pratiques des ennemis du Suppliant : Produit & employe en͏
ſix pieces.

La premiere par employ eſt le decret obtenu par Faucon͏
contre Simon Gruſlé le 7. Aouſt 1685.

La feconde du 14. Aouft 1685. eft la declaration paffée devant Notaires *à la requifition de Iean Fauconnet & à fon profit* quinze jours aprés la banqueroute de Jean Gruflé, par laquelle ledit Simon Gruflé, *Fauconnet ce requerant & acceptant*, declare *qu'il ne pretend aucune chofe dans les vingt-cinq mil livres qui paroiffoient avoir efté par luy donnez en nantiffement au Suppliant le 28. Septembre 1681. & que le tout appartenoit à Iean Gruflé*, ladite declaration fignifiée au Suppliant à la requefte de Fauconnet le 19. Aouft 1685.

La troifiéme par employ eft le premier interrogatoire dudit Simon Gruflé du 21. Aouft, dans lequel il dit *que les cinquante mil livres donnez au Suppliant en nantiffement ont efté tirez de la Caiffe.*

La quatriéme par employ, font les interrogatoires des autres accufez qui difent tout le contraire.

La cinquiéme par employ, font les procés verbaux de confrontation de tous lefdits accufez, & nommément dudit Simon Gruflé *qui démentent tout net le contenu en la declaration pratiquée par Fauconnet ledit jour 14. Aouft.*

La fixiéme & derniere eft un extrait d'une requefte prefentée par Simon Gruflé au Chaftelet le 10. Mars 1686. dont les imprimez ont couru toute la Ville, employée par le Suppliant dans fa production civile au Chaftelet contre Fauconnet, dans laquelle requefte au fol. 16. & fuivans Simon Gruflé *rend raifon au public & à fes Iuges des caufes pour lefquelles il paffa ladite declaration ; comme il fut pratiqué non feulement pour donner ladite declaration, mais encore pour dépofer contre le Suppliant ; Accufant ceux d'entre les Fermiers generaux qui font les plus authorifez, de cette deteftable pratique :* Et quoyque rien ne fut plus injurieux à ceux qui eftoient notez par ladite requefte, aufquels il importoit du tout de pouffer fur cela ledit Simon Gruflé: Parce qu'il ne pouvoit éviter une punition exemplaire s'il avoit dit faux dans fadite requefte ; ou qu'il arriveroit neceffairement que le fait de la fubornation articulée par ledit Simon Gruflé demeureroit pour averé fi fur cela on ne pouffoit pas ledit Simon Gruflé comme un calomniateur infigne, Neantmoins ceux qui y eftoient intereffez fçachant que le Suppliant les pouffoit auffi fur cela de fon cofté & employoit contre eux le contenu en ladite requefte, ne s'en font pas plus mis en peine que fi ledit Simon Gruflé euft dit la chofe du monde la plus indifferente. Et font lefdites pieces cy cottées.. K.

Pour montrer qu'il n'eft rien dû à Boutet par Jean Gruflé.

Le Suppliant employe les deux derniers eftats de la recepte & dépenfe dudit Gruflé, l'un arrefté par Palerne le 30. 1685.

L'autre en forme de Bordereau des recepiffez expediez par Palerne à la décharge dudit Gruflé, & des Lettres de Change ou Billets du recouvrement defquels ledit Gruflé avoit efté chargé par

G

ledit Palerne , fignifié au Suppliant à la requefte de Faucon
le 8. Novembre 1685. dans lequel eftat il paroift qu'il n'eft
aucune recepte par Gruflé des deniers du Bail de Boutet, fi
n'eft qu'en un article d'un recepiffé de fix mil tant de livres il
eft entré une fomme de quatre-vingt-dix livres qui en revenoit
Boutet.

A mefme fins employe toutes les pourfuites & procedures
viles & criminelles faites par les Fermiers generaux des deux Ba
de Boutet & Fauconnet contre ledit Jean Gruflé , fans que
ques-à prefent il y ait eu une demande d'une obole contre le
Jean Gruflé pour les deniers du Bail de Boutet ; reduifant tou
leurs demandes & pretentions au profit des feuls intereffez au B
de Fauconnet ; Lefdits emplois cy cottez.. L.

Pour juftifier que le Suppliant a toûjours efté preft de payer
cinquante mil livres dont il eft caution de Jean Gruflé envers F
connet, employe.

L'extrait de la Lettre écrite de Montpellier le cinquiéme Ao
1685. au fieur Moulle dont l'original eft entre les mains de Fauc
net qui en allegue luy mefme l'authorité dans fa requefte du
Octobre fuivant ; Par laquelle Lettre le Suppliant non feulem
explique à fon confrere & affocié tout ce qui s'eftoit paffé d
la rencontre des cautionnemens qu'il avoit faits les années 16
& 1681. pour Jean Gruflé ; Mais encore il luy mande *qu'il eft
de payer les cinquante mil livres de fon cautionnement en luy donn
fes décharges neceffaires* , & il ajoûte enfuite que *fi cette affaire
moindre difficulté qui le regarde , il demande fon congé pour l'aller
ver luy-mefme à Paris.*

Employe auffi la copie d'un placet en forme de Lettre
l'original eft entre les mains de Monfieur le Controlleur Gen
datté du 19. Septembre 1685. dans lequel le Suppliant rend
compte à mondit Sieur le Controlleur General des pretentio
fes affociez en execution des actes de cautionnement de Gruflé
de ce qui s'eftoit paffé à l'affemblée dudit jour 19. Septembre
Il dit *qu'il leur a offert & qu'il offre de leur payer les cinquante
livres dont il eftoit caution, mefme les interefts fuivant qu'il s'y e
obligé par les reconnoiffances du 28. Septembre 1681. en luy dédu
huit mil livres à luy deüs par Gruflé par promeffe du 14. May 1685.*

Plus les requeftes des premier Octobre & vingt Novembre
l'acte d'offre du 19. Avril 1686. fignifié au Bureau de Fauconne
la prefente requefte contenant *lefdites offres reïterées à diverfes
par le Suppliant de payer lefdits cinquante mil livres & interefts
déduction defdits huit mil livres :* Ledit employ cotté.. M.

Pour juftifier que l'on a ofté au Suppliant la difpofition
commiffions de fon lot ; Qu'on luy a défendu l'entrée du Bu

& des affemblées & tout commerce avec les Commis & employez;
Qu'on luy a retenu les interefts de fes avances fous pretexte du
different qui eft entre les parties, lequel different les Intereffez au
Bail de Fauconnet ont ainfi jugé par avance de leur autorité.

Employe le Suppliant la copie dudit placet ou lettre du 19.
Septembre 1685. dans laquelle il fe plaint a mondit fieur le Con-
trôlleur General de ce que *contre fa volonté fes affociez difpofent
de la Commiffion & place de Directeur au Bureau des Aydes & En-
trées de Paris; de ce qu'on luy a fait dire par les fieurs Arnaud &
Dappougny qu'il s'abftint de venir au Bureau & és affemblées de la
Compagnie, & d'entretenir de correfpondance avec les Commis.*

Produit auffi les pieces cy-aprés: La premiere eft la fommation
faite à Palerne Caiffier general de payer, fuivant les eftats de di-
ftribution, au Suppliant comme aux autres Affociez & Intereffez,
les interefts de fes avances des quartiers de Juillet & Octobre 1685.
montant à dix-huit mil huit cens cinquante fept livres deux fols
pour lefdits deux quartiers, ladite fommation dattée du 31. Janvier 1686.

La feconde du 6. Fevrier 1686. eft la réponfe dudit Palerne à ladite fommation, avec laquelle il fait bailler copie au Suppliant
d'un eftat arreté au Bureau general le 10. Janvier 1686. pour la di-
ftribution defdits interefts dans lequel eftat il eft dit fur l'article
du Suppliant *que les dix-huit mil huit cens cinquante-fept livres à luy
deus pour les interefts defdits quartiers de Juillet & Octobre 1685 de-
meureront és mains dudit Palerne à caufe de ce que le Suppliant doit à
la Compagnie tant pour raifon du cautionnement de Gruflé, que pour
l'argent qu'il a pris dans la Caiffe & autres demandes à luy faites au
fujet de la banqueroute dudit Gruflé.*

La troifiéme eft le fufdit acte d'offre du 19. Avril 1686. cy-devant produit dans lequel le Suppliant fe plaint de rechef *de ce qu'on
l'a exclus de l'entrée du Bureau &) des affemblées, & de ce qu'on luy
ofte la difpofition des emplois de fon lot;*

La quatriéme du 4. May 1686. eft un acte fignifié à la requefte
dudit Fauconnet & fes cautions en réponfe de l'acte d'offre du
Suppliant dudit jour 19. Avril, dans lequel acte du 4. May ledit
Fauconnet & fes cautions ne denient pas d'avoir fait faire défenfes
au Suppliant par les fieurs Arnaud & Dappougny d'entrer au Bureau & d'entretenir correfpondance avec les Commis: mais ils difent que c'eft une fuppofition de dire *qu'il y ait eu aucune deliberation portant lefdites défenfes & qu'on n'en pourroit rapporter aucune
preuve; Et que neanmoins fans qu'il y euft aucune deliberation de ce,
il n'y avoit pas d'apparence que pendant la pourfuite de l'Inftance du
Confeil & de l'appel que ledit Fauconnet & fes cautions pretendent in-
terjetter de la Sentence du Chaftelet du 3. Avril renduë au profit du*

Suppliant, il puiffe efperer d'entrer aux affemblées de la Compagnie

La cinquiéme & derniere du 11. May 1686. eft un autre
fignifié à la requefte du Suppliant aux fieurs Arnaud & Dap
gny contenant la denonciation à eux faite du conténu en l
du 4. May cy-deffus fignifié audit Remond ; Avec fommation
dits fieurs Arnaud & Dappougny *de declarer par les ordres de q*
fe font ingerez le 19. Septembre 1685. de dire audit Remond de la
des Fermiers generaux qu'il euft à s'abftenir de l'entrée des affembl
Bureaux & d'entretenir correfpondance avec les Commis, fignifié
dits fieurs Arnaud & Dappougny à domicile parlant à leurs
fonnes ; & auquel acte ledit fieur Arnaud a refufé de faire re
fe ; Et quant audit fieur Dappougny *il demeure d'accord d'avoi*
le Suppliant de ne point venir au Bureau jufques à ce que l'affai
queftion fut terminée : Et font lefdites pieces cottées. . N.

Et outre condamner les cautions defdits Boutet & Fauco
aux dépens, & le Suppliant continuera fes prieres pour la f
& profperité de VOSTRE MAJESTE'. Signé, Guyenet
cat au Confeil, & Remond.

Signifié le quatriéme Octobre 1686. Signé

Monfieur LE CONTROLLEUR GENERAL, *Rappo*